AF454543

5

Lh 137

(L'Ordre des Parties a été
par erreur interverti. – Voir
la « Réfutation » après la « Deuxième
et dernière réplique ».)
(Réclamation du général Kellermann
contre un passage du tome 1 des
« Mémoires du duc de Rovigo ».)

DEUXIÈME

ET

DERNIÈRE RÉPLIQUE

D'UN AMI DE LA VÉRITÉ

A M. LE DUC DE ROVIGO.

PARIS.

ROSIER ET MAME, LIBRAIRES,

RUE DE BOURBON, N° 7, ET RUE MONTMARTRE, N° 68.

1828.

IMPRIMERIE DE LEFEBVRE,

RUE DE BOURBON, N°. 11.

DEUXIÈME

ET

DERNIÈRE RÉPLIQUE

D'UN AMI DE LA VÉRITÉ

A M. LE DUC DE ROVIGO.

Engagé malgré lui dans une guerre de plume qu'il n'a point provoquée, le général Kellermann s'y est présenté, du moins, avec l'espèce d'avantage auquel l'on doit tenir le plus en pareille circonstance : son rôle est celui de la défensive.

Si, dans sa carrière militaire, il a dû quelques succès à la fortune, il ne songeait pas à les rappeler ; mais son honneur lui commandait de les soutenir lorsqu'on a voulu les lui contester ou les atténuer. Ce n'est donc point un sentiment de vanité qui l'a fait entrer dans la lice, mais le désir bien légitime de revendiquer et de conserver une espèce de propriété qu'il pouvait croire à l'abri d'une attaque.

Le duc de Rovigo, dans le premier volume de ses Mémoires, lui avait contesté ce qu'il appelle *le mérite de l'improvisation* de la charge de cavalerie qui, dans la journée de Marengo, ramena la victoire sous nos drapeaux.

Le général Kellermann ne pouvait se dispenser de se défendre contre cette attaque imprévue : c'est ce qu'il a fait dans une petite brochure qu'il a publiée sous le titre de *La vérité sur la bataille de Marengo*. S'il ne l'a pas signée parce qu'elle est écrite à la troisième personne, il est loin de la désavouer.

Cet écrit n'a point démenti son titre : il est simple, vrai, consciencieux, conforme au rapport fait par son auteur, le jour même de l'affaire, et sur lequel il n'a jamais varié.

Le général Kellermann n'a point méconnu que, sans l'arrivée du corps de Desaix, la charge n'eût pu avoir lieu ; mais il faut aussi reconnaître que si, lors de la retraite de l'armée, nécessitée par l'épuisement des forces autant que par le manque total de munitions (1), le

---

(1) Au moment où la cavalerie autrichienne débouchait, vers deux heures après midi, des bois de la Bormida, Kellermann courut à Gardanne qui tenait dans Marengo, et lui dit : *Général, disposez vos troupes, l'ennemi débouche avec toutes ses forces.* Celui-ci répondit : *Je n'ai pas une cartouche, pas une gargousse.*

général Kellermann n'eût retardé pendant plus de trois heures la marche de l'ennemi, Desaix n'aurait pas eu probablement le temps d'arriver.

Il a reconnu également que ce fut Savary qui porta au général Kellermann l'ordre d'appuyer le mouvement de Desaix en avant ; mais il a dit, ce qui est vrai, et ce qui d'ailleurs n'a rien d'offensant, et ne porte que sur des souvenirs plus ou moins bien conservés, que Kellermann s'était déjà arrêté à la hauteur du corps de Desaix, quand il fut joint par Savary ; qu'il n'était pas près de lui, ou du moins qu'il ne l'a pas vu, et ne lui a pas parlé, au moment où la charge eut lieu. Du reste, Kellermann n'avait pas à s'occuper de ce qu'était devenu Savary ; et il était naturel, sa mission remplie, que celui-ci retournât vers son général, ou vers le premier Consul. Il n'avait aucune raison de rester, pour attendre le résultat d'une charge qu'on ne pouvait prévoir ni calculer, et qui n'eut lieu qu'une demi-heure après leur rencontre.

L'écrit signé : *Un Ami de la vérité*, a mis l'affaire dans son véritable jour, c'est pour cela qu'il a déplu.

L'auteur des Mémoires a consacré un long

chapitre à le réfuter ; il l'a fait avec amertume, et même avec ironie, mais toutefois sans succès et sans détruire les faits. Il s'éloigne de la question, substitue aux raisons des griefs ou des plaisanteries peu dignes d'attention ; d'ailleurs le bon sens et l'équité de ceux à qui ces insinuations sont adressées en feront justice. En lui répliquant, quoiqu'on dût s'en dispenser, on ne suivra pas la même marche, on ne s'écartera ni de la question, ni de la vérité, ni d'une mesure dont on avait, ce semble, donné l'exemple ; mais on puisera dans des pièces, et, en partie, dans l'auteur des Mémoires, ce qu'il y a à lui répondre, et on passera légèrement sur ce qui est étranger à la question.

Quant à certaines expressions, peu réfléchies peut-être, elles sont trop évidemment l'effet d'une méprise pour qu'on ait à s'en occuper : au demeurant, se nommer c'est y répondre.

Il ne faut pas perdre de vue que la question se réduit à ceci :

Le mérite de l'improvisation de la charge de Marengo, contesté par le duc de Rovigo au général Kellermann, appartient-il à celui-ci? s'il n'est point à lui, à qui faut-il l'attribuer?

L'auteur des Mémoires ne s'explique pas plus

catégoriquement sur ce point dans la seconde dissertation que dans la première. Il ne dit pas : *Le premier Consul, l'aide-de-camp Savary (1), ont averti le général Kellermann de saisir l'à-propos, et de charger.* Or, *si l'improvisation n'est pas venue d'eux, il faut bien qu'elle soit venue de lui.* Au surplus, le duc de Rovigo abandonne cette prétention pour lui-même dans son nouvel écrit. Il fait plus, il reconnaît le droit du général Kellermann à l'élever. En effet, il déclare, vol. VIII, pag. 330, *qu'il ne conteste pas le mérite et l'à-propos de la charge.* Or, qu'est-ce que l'à-propos, si ce n'est l'inspiration

(1) Le duc de Rovigo, quelque part dans ses Mémoires, donne lieu de penser qu'il n'était que chef de bataillon alors. Aujourd'hui il assure qu'il était chef de bataillon ou colonel. Cette contradiction apparente s'explique. Savary était effectivement aide-de-camp chef de bataillon de Desaix, en Égypte ; mais, au moment de quitter ce pays, il obtint du général Kléber d'être promu *provisoirement* au grade de colonel. On ne sait s'il en prit immédiatement les insignes, mais il est à remarquer que la nomination provisoire faite par Kléber ne fut confirmée par le premier Consul que le 27 octobre 1800, quatre mois à peu près après la bataille de Marengo; d'où l'on conclut qu'il ne pouvait être considéré alors que comme chef de bataillon.

qui vous fait voir et saisir l'occasion ? Quelle était cette occasion ? comment était-elle née ? *Le désordre* mis dans nos rangs par le choc supérieur de l'armée autrichienne, inspire à celle-ci une confiance funeste. Elle se met elle-même en désordre en s'abandonnant avec une ardeur inconsidérée à la poursuite de la ligne enfoncée, etc. Le général Kellermann le voit, en profite. Voilà ce qui est vrai, ce qu'il a dit, ce qu'il n'a pas pu dire autrement. Ici donc la difficulté n'était rien, l'à-propos était tout : il est reconnu par l'auteur des Mémoires.

Faut-il encore démontrer qu'on ne s'est point écarté de la vérité dans les autres détails ? voici des preuves qu'on ne pourra pas récuser :

Le duc de Rovigo se retranche toujours derrière l'empereur : *C'est Napoléon qui l'a instruit de ces circonstances, qui les lui a racontées maintes fois.* Eh bien ! on opposera les récits du premier Consul aux souvenirs de l'empereur; on se servira de ses propres aveux.

Ouvrons la relation faite par lui-même, le lendemain de l'affaire; elle est pleine des premières impressions, des souvenirs de la veille.

Voici ce qu'on y lit :

« Les routes étaient couvertes de fuyards,

» de blessés, de débris, la bataille paraissait
» perdue. »

Cela est clair.

Il n'est plus question des corps de Lannes ou
de Victor; on ne parle point de changement de
front; il est évident qu'il n'y avait plus d'élémens
pour une telle manœuvre, et que les 4000 hommes de Desaix (à peu près notre dernière res-
source) allaient seuls affronter l'ennemi qui
marchait avec toutes ses masses sur la direction
principale. Le succès sans doute a justifié cette
témérité. Mais franchement, sans un événement imprévu, pouvait-on raisonnablement se
flatter avec une division brave, on le sait assez,
mais isolée et faible, de rétablir avantageuse-
ment le combat contre 25,000 hommes? Ce
n'est point les évaluer trop haut, car il y en
avait déjà près de 10,000 en cavalerie seule-
ment, mais qui, il est vrai, étaient à trop de
distance de leur droite et du lieu de la scène.

Plus bas il est dit :

« Le général Kellermann, qui , avec sa bri-
» gade de grosse cavalerie, avait, toute la jour-
» née, protégé la retraite de notre gauche, exé-
» cuta une charge avec tant de vigueur et si
» *à propos*, *que* 6,000 grenadiers et le général

» Zach (quartier-maître général) furent faits
» prisonniers : *la consternation* et l'épouvante
» se mirent dans les rangs, etc. »

Peut-il rester quelque doute sur l'improvisation de cette charge? Est-il rien de plus personnel au général Kellermann? Le premier Consul
a-t-il dit *qu'il a ordonné à ce général de charger?*
Non; il ne le dit pas alors, quoiqu'il l'ait fait
insérer plus tard dans une relation postérieure
de plusieurs années. (1)

L'auteur des Mémoires aurait voulu que les
choses se fussent passées comme il les a présen-
tées; mais, il faut le dire, la bataille *paraissait*
une seconde fois perdue, quand cet événement
arracha la victoire des mains de l'ennemi.

En quoi donc le récit, critiqué par l'auteur
des Mémoires, pouvait-il blesser personne?
N'est-on pas tous les jours écrasé à la guerre
par une force irrésistible? n'est-on pas obligé de
reculer, de fuir même? Le premier Consul n'en
convient-il pas? ne dit-il pas que la plaine était
couverte de fuyards? Il glisse un peu, il est
vrai, sur les circonstances, lorsqu'il représente

(1) Voir dans le IVe vol. du *Mémorial militaire* , ou
dans le *Journal des Sciences militaires* , les relations dont
on a successivement fait l'essai.

l'armée se reportant de suite en avant. Mais il est certain que ce ne fut que plus d'une heure après, que l'on put se remettre de l'ébranlement, et suivre l'ennemi avec le peu de troupes que l'on avait ralliées : on doute que l'on soit parvenu à réunir plus de 6 à 8,000 hommes sur la Bormida, le lendemain de l'affaire.

Les divisions Loison et Lapoype étaient peu nombreuses, à plusieurs marches et dispersées sur Modène et Mantoue, pour couvrir les opérations principales; et Chabran était avec 3,000 hommes à Valencia sur le Pô, pour fermer le chemin de Milan, comme Desaix avait été dirigé sur Rivalta, pour couper la route de Gênes; car quel autre motif donner à ce mouvement ?

Afin d'appuyer l'opinion qu'il voudrait faire prévaloir, l'auteur des Mémoires va jusqu'à exhumer les rapports de l'ennemi. Mais le général Mélas pouvait-il savoir mieux que nous ce qui se passait dans nos rangs? Sans doute. Son armée fut mise, par ce coup inattendu, dans une confusion et un désordre qui paralysèrent les ressources importantes qui lui restaient encore : ce fut très-heureux pour nous ; mais on conçoit, du reste, que l'ennemi avait intérêt à exagérer même la gravité de sa position, pour justifier la convention par laquelle il nous rendait l'Italie. Et l'on se doute bien que si l'on eût été en mesure de leur faire mettre bas les armes, on n'eût pas permis à 60,000 Autrichiens d'aller se replacer entre l'Autriche et notre armée.

L'auteur des Mémoires invoque aussi, page 348 du VIII⁰ vol. l'autorité du général Jomini, et parle de la difficulté d'accorder les auteurs militaires. Il faut remarquer que, dans le fait dont il s'agit, ce n'est pas un auteur qui parle, c'est l'*acteur* principal dans la scène qu'il raconte (la charge décisive) ; mais, au reste, il faut le dire, l'auteur des Mémoires n'a pas choisi une autorité plus favorable à l'opinion qu'il veut faire prévaloir, et sa citation n'est pas heureuse.

En effet, voici en quels termes Jomini s'exprime au sujet de la bataille de Marengo, dans son Histoire des guerres de la révolution. On y lit, tom. XIII, liv. XVI, chap. LII, pag. 302 :

» Cependant, de toutes les batailles gagnées » par Bonaparte, il n'en est point dont il doive » moins s'énorgueillir que de celle de Ma- » rengo. »

Et, à la page 345 du même volume, Jomini traite cette bataille *d'échauffourée de Marengo*.

Enfin, l'auteur des Mémoires, dans l'impossibilité de détruire des faits constans (l'improvisation de cette charge), ou de dissimuler la situation désespérée des affaires, assez bien constatée, comme on le voit, se jette dans des digressions étrangères au sujet et veut faire entrer dans ce débat que lui seul a fait naître, et la Garde consulaire à cheval, et plusieurs généraux distingués, qui y sont étrangers. Ce moyen paraît peu convenable.

Pour la Garde à cheval, on a pu regretter, dans le moment, qu'il ne lui fût pas permis de venir plutôt prendre part aux succès obtenus; mais on sait qu'elle ne pouvait se mouvoir sans l'ordre exprès du chef suprême. Dans plus d'une circonstance, elle a frémi d'une inaction forcée et commandée par la prudence; témoin la bataille de la Moscowa, où, si on lui eût permis de donner, elle eût complété la destruction de l'armée russe, de l'aveu même des généraux ennemis. Ainsi rien ici n'a pu la blesser.

Pour ce qui concerne les généraux que l'auteur des Mémoires a passés en revue, auxquels il distribue de justes éloges, sans doute ils seront fort surpris de se trouver amenés dans cette discussion; et tout ce qu'on peut dire ici,

c'est que s'ils n'ont montré aucune susceptibilité sur ce qui leur est personnel, c'est qu'ap-
paremment on ne leur a point contesté les
faits dont ils ont à s'honorer, quoique d'autres
qu'eux aient été plus d'une fois dans le cas de
réclamer.

Le but de l'auteur des Mémoires perce donc
facilement dans cette digression. Mais, avant
d'accuser ce qu'il appelle la susceptibilité du
général Kellermann, il aurait fallu ne pas en-
courir lui-même ce reproche : car le IIIe. vol.
de ses Mémoires où il traite des affaires d'Es-
pagne, nous montre qu'il n'en est pas exempt,
et qu'en même temps qu'il poussait un peu loin
la jalouse susceptibilité du commandement, il
reconnaissait qu'on obéit mal volontiers à son
inférieur. Voici ce qu'on lit à la page 440 :

« Assurément il ne devait pas être très-
» agréable à aucun maréchal de France d'ob-
» tempérer à ce que je prescrivais, d'après la
» position où je me trouvais placé; mais peu
» importait alors aux affaires *l'amour-propre*
» *offensé de ces messieurs!* Je le savais, je le
» voyais, et si un seul, *quel qu'il fût*, avait
» essayé de s'affranchir de la *déférence* qu'à ce
» titre il me devait, j'aurais pu me servir de

» mon autorité pour l'en faire *repentir*, et
» l'Empereur m'eût approuvé comme il l'a fait
» en 1807. »

C'est, à ce qu'il semble, le prendre bien haut avec ces *messieurs*.

On ne suivra pas plus loin l'auteur dans le dédale où il s'égare. On n'établira pas une polémique sans fin, et, en dernière analyse, sans objet. Car qu'est-ce que tout cela est devenu ? A quoi bon rappeler ces souvenirs ? n'a-t-on pas assez écrit sur Napoléon ? n'est-il pas l'objet d'une admiration assez générale, quoique plus ou moins exclusive ?

On ajoutera encore quelques mots à ces observations déjà trop longues; c'est que l'auteur des Mémoires paraît aussi peu instruit des circonstances de la bataille d'Austerlitz que de celle de Marengo, quand il prétend que le général Kellermann fut mal inspiré dans la charge dont il lui attribue à tort l'initiative, et dont il a mal connu le résultat. Il assure s'être porté ce jour même près du général Kellermann, et lui avoir parlé. Celui-ci ne le nie pas, mais il n'en a conservé aucun souvenir. Du reste, cette rencontre n'aurait aucune importance par elle-même. Voici, autant qu'il se rappelle, ce qui s'est passé dans la circonstance rapportée inexactement par l'auteur des Mémoires :

Le général Kellermann avait été placé par Murat, sur la gauche et en avant de plusieurs divisions de cavalerie , sans les masquer : une ligne d'infanterie était derrière lui.

L'horizon était couvert d'un brouillard qui ne permettait pas de distinguer à deux cents pas; mais au moment où il se dissipa subitement, le général Kellermann aperçut tout-à-coup une nuée de cavalerie accourant de la droite, passant devant le front des lignes françaises (auxquelles le brouillard l'avait sans doute dérobée) et sur le point d'arriver sur son aile droite. Il ordonne à l'instant à sa brigade de droite un changement de front ; mais elle n'eut pas le temps de l'exécuter, fut renversée dans son mouvement, et passa derrière la brigade de gauche. Le général Kellermann alors n'eut d'autre parti à prendre que de faire face en arrière avec ce qui lui restait sous la main, par un mouvement de peloton, demi-tour à droite ; et de tomber, comme il le put, sur le flanc de la cavalerie russe, lancée sans pouvoir s'arrêter, et qui, entraînée entre notre infanterie, nos hussards et chasseurs, fut en partie anéantie par le feu de l'une, et les coups de sabre des autres. Du reste, ce désordre fut bientôt réparé. Le général Kellermann, quelques momens après, fut blessé à la tête de sa division et mis hors de combat. C'est donc par erreur que le duc de Rovigo lui attribue un échec momentané, auquel il ne devait pas s'attendre dans cette circonstance, qui était indépendant de ses dispositions, et qui d'ailleurs finit par se tourner contre ce corps ennemi et lui fut très-funeste.

En effet, on rapporte que le lendemain ou le surlendemain de l'affaire, l'empereur se promenant sur le champ de bataille, et voyant le terrein couvert des hulans d'Essen, dit : *Ah ! ah ! Kellermann a fait de la bonne besogne.* C'est du moins ce qui lui a été rendu.

L'auteur des Mémoires rappelle au général Kellermann une phrase bienveillante que l'empereur lui adressa en 1811. Celui-ci ne met pas en doute qu'elle n'ait été prononcée alors, puisque le duc de Rovigo le rapporte, quoique le général Kellermann ne se le rappelle pas; mais il y croit d'autant mieux, qu'il n'ignore pas que plus d'une fois Napoléon, qui connaissait l'importance de ce service, s'est exprimé de la même manière, et a dit qu'il n'oublierait jamais la *charge de Marengo*. Certes, le général Kellermann n'a jamais été insensible à ce souvenir bienveillant; mais tout honorable qu'il fût, il ne devait pas se condamner au silence quand on lui a contesté un fait qui le touche d'aussi près.

L'auteur des Mémoires s'est peut-être laissé emporter à un excès de zèle et de reconnaissance pour son héros, bien louable et bien naturel en lui; mais si le général Kellermann n'a pas eu les mêmes motifs de dévouement et d'abnégation, il n'en a pas moins, jusqu'au dernier moment, servi Napoléon, chef du gouvernement de son pays, toujours avec fidélité, quelquefois avec succès.

Cette question paraît suffisamment éclaircie; on s'abstiendra donc désormais de renouveler toute discussion sur ce sujet : le public en jugera.